La Cuisine de Lison

Allégées en gluten et en lactose, sans matière grasse ajoutée.

Recettes très simples à base de graines de chia et d'amarante

Sucré avec de la stévia

Muffins et cakes sucrés

© 2025 Allison Nolwenn Philippe
Édition : BoD · Books on Demand,
31 avenue Saint-Rémy, 57600 Forbach,
bod@bod.fr
Impression : Libri Plureos GmbH,
Friedensallee 273, 22763 Hamburg (Allemagne)

Crédits photographiques Allison Nolwenn Philippe

Maquette de couverture : Allison Nolwenn Philippe
Photo de couverture : Allison Nolwenn Philippe

Dépôt légal : Janvier 2025
ISBN : 978-2-3225-3327-5

Sommaire

Remerciements.

Je souhaite remercier toutes les personnes qui ont cru en moi et en mon

projet.

Lucie ma Maman, Oriane ma sœur, Amanda, Prescilla, Sabrina, Christian,

Patty ; Frédérique et Nathalie ma sœur de cœur.

Un grand merci à vous pour vos conseils, et vos encouragements.

Ça m'a permis de me dépasser et de réussir ce défi.

Avant-Propos

Les farines :

Pour toutes les recettes de ce livre, vous pouvez interchanger les farines :

- Quinoa, Millet, Châtaigne, Riz, Maïs, Sarrasin, Chanvre, Lin, Manioc, Sorgho, Souchet, Soja, Noix de cajou, Arachide, Noisette, Noix de macadamia, Noix de pécan, Pistache, Noix
- Coco : Si vous l'utilisez, ajoutez plus de liquide car elle a une plus grande capacité d'absorption de liquide. Ou incorporez un œuf supplémentaire pour 30g de farine.
- Amande : Elle a une capacité d'absorption de liquide plus importante, pensez à en rajouter ainsi qu'un œuf supplémentaire.
- Petit épeautre : attention elle contient 7% de gluten environ.

Laits végétaux :

Vous pouvez également interchanger les laits végétaux suivant vos goûts et vos envies. (Amande, noisette, soja, avoine, riz, ... etc.)

La stévia :

En ce qui concerne la stévia pour les recettes, j'ai utilisé celle en stick.

Le chocolat :

A noter que tous les types de chocolat même le blanc, existent sans gluten, sans lactose et même végan.

Les poudres :

Les poudres d'amande, de noisette, de coco, de pralin sont naturellement sans gluten, vous pouvez aussi les faire vous-même.

Les graines de chia

Les spécificités des graines de chia

L'HISTOIRE

Le Chia (prononcé Kia) est une plante herbacée annuelle de la famille des **Lamiacées** originaire de la vallée centrale du Mexique.

Cette sauge était cultivée par les Aztèques pour ses graines.

Le terme Chia est dérivé de Chiyan qui désigne la sauge en nahuati, la langue des Aztèques. Ces populations la considéraient comme éléments de base de leur alimentation après les haricots rouges et le maïs.

Chez eux, elle représentait une source d'énergie lors de leurs excursions, elle leur permettait d'être plus endurants et intellectuellement supérieurs à leurs ennemis. Pour les Mayas, qui cultivaient aussi cette graine, chez eux « Chia » signifiait force.

Encore de nos jours, en Amérique du Sud, cette petite graine est consommée sous forme de boisson appelée « Chia fresca », avec de l'eau, du jus de citron et du sucre.

Actuellement, elle est reconnue par les nutritionnistes comme l'un des aliments les plus nutritifs jamais découverts.

LES BIENFAITS

1 – Elles ont un effet coupe-faim

Les graines de Chia sont recouvertes d'une fine pellicule de fibres solubles qui forme une sorte de gel au contact de l'eau ou de tout autre liquide (lait végétal par exemple).

Cette pellicule est capable d'absorber au moins 7 fois son poids en liquide, formant un volume qui remplit les intestins, contribuant à la sensation de satiété.

2 – Elles permettent une meilleure digestion

Du fait de leur richesse en fibres et en minéraux, les graines de Chia facilitent et accélèrent le transit et la digestion.

3 – Elles permettent d'avoir des os et des dents plus solides

Grâce à leur teneur élevée en calcium (10g de graines couvrent 18% de l'apport quotidien), les graines de Chia aident au renforcement de la solidité des os et des dents. Pour les personnes intolérantes au lactose, les graines de Chia vont devenir une alliée.

4 – Elles sont une arme anti-insomnie

Les graines de Chia renferment un acide aminé, appelé le tryptophane, qui augmente le niveau des hormones du sommeil. Elles aident donc à le réguler.

5 – Elles sont une source de protéines

Les graines de Chia contiennent ¼ de protéines complètes, composées de 9 acides aminés essentiels, les mêmes que l'on retrouve dans la viande.

6 – Elles sont un substitut aux œufs

Les graines de Chia peuvent être une alternative aux œufs, du fait de leur vertu gélatineuse au contact de liquide (eau, lait végétal...). Un œuf équivaut à une cuillère à soupe de graines de Chia.

Dans mes recettes, je n'ai pas choisi de substituer les œufs, mais vous pouvez opter pour cette possibilité.

7 – Elles sont sans gluten

Pour les intolérants au gluten, c'est une bonne alternative aux céréales. Ces graines en possèdent toutes les vertus sans aucune trace de gluten.

---

8 – Elles sont une arme contre les maladies cardiaques

Elles détiennent une teneur élevée en antioxydants. Ceux-ci aident à combattre le cancer, les maladies cardio-vasculaires et à réguler la pression artérielle.

9 – Elles ont un effet préventif (antioxydant)

Les graines de Chia, grâce à leur richesse en oméga-3, participent à la lutte contre le diabète, l'obésité, la dépression et l'arthrose. (5g de graines de Chia couvrent 45% des apports nutritionnels journaliers en oméga-3)

10 – Elles sont une bonne source d'énergie et d'hydratation (pour les sportifs notamment)

les graines de Chia ont un index glycémique bas. Les glucides contenus dans ces graines sont donc digérés plus lentement, ce qui garantit une réserve à long terme.

Elles facilitent également l'absorption du sucre, ce qui procure un apport énergétique immédiat. Les sportifs peuvent ainsi être plus performant, plus longtemps.

De plus, elles sont composées d'acide aminés qui favorisent la récupération musculaire.

Enfin, consommées dans un liquide,(lait   végétal, jus, eau de coco...), elles prolongent l'hydratation

Les Muffins

Muffins chocolat et noix de coco

Temps de préparation : Tremper les graines 2h + 20 min	Temps de cuisson : 20 min	Réalisation : Facile

INGRÉDIENTS : *(9-15 muffins, suivant le moule la quantité peut varier)*

3 CàS de fécule de maïs

4 œufs

200 g de Chocolat noir pâtissier

50 g de noix de coco râpée

1 sachet de levure chimique sans gluten

6 g de stévia

150 ml de lait de coco

3 CàS de graines de Chia

2 sachets de sucre vanillé

PRÉPARATION :

Au préalable, mettre les graines de Chia dans un récipient fermé avec 100 ml de lait de coco.

Réserver au frais, pendant 2 heures minimum. Les graines vont gonfler et elles seront moins croquantes.

Préchauffer votre four à 180°C.

Dans un cul de poule, mélanger les 50 ml de lait de coco restant avec le chocolat et faire fondre au bain-marie.

Dans un deuxième cul de poule, mettre la fécule de maïs, la noix de coco, le sucre vanillé, la stévia, et la levure. Faire un puits et y casser les œufs.

Bien remuer pour obtenir un mélange homogène et y incorporer les graines de Chia.

Puis, ajouter le chocolat fondu dans la préparation précédente en mélangeant assez rapidement afin d'éviter que le chocolat ne cuise les œufs.

Enfin, verser la préparation dans des moules à muffins et les cuire 20 minutes à 180°C. Surveiller la cuisson au bout de 15 minutes, car suivant votre four, elle peut être plus rapide.

Bonne dégustation !

Muffins rhum et raisins

Temps de préparation : Macérer les raisins la veille et tremper les graines 2h + 15 min	Temps de cuisson : 20 min	Réalisation : Facile

INGRÉDIENTS : (9-15 muffins, suivant le moule la quantité peut varier)

80 g de fécule de maïs

4 œufs

50 g de poudre d'amande

80 g de raisins secs

2 sachets de sucre vanillé

6 g de stévia

150 ml de lait d'amande

3 CàS de graines de chia

5 bouchons de rhum

1 sachet de levure chimique sans gluten

PRÉPARATION :

La veille faire macérer les raisins secs dans le rhum.

Au préalable, mettre les graines de Chia dans un récipient fermé avec 100 ml de lait d'amande et le réserver au frais, pendant 2 heures minimum.

Préchauffer votre four à 180°C.

Dans un cul de poule, mettre la fécule de maïs, la poudre d'amande, le sucre vanillé, la stévia et la levure. Faire un puits, y casser les œufs entiers et mélanger énergiquement pour éviter les grumeaux.

Ensuite, ajouter les 50 ml de lait d'amande restant, le mélange de graines de Chia / lait d'amande et mélanger de nouveau.

Incorporer les raisins secs imbibés de rhum avec le rhum restant et mélanger

16

Enfin, verser la préparation dans des moules à muffins et enfourner pendant 20 minutes à 180°C (surveiller la cuisson car selon les fours, elle sera différente).

À déguster tiède ou froid.

Bon appétit !

Muffins chocolat et framboises

Temps de préparation : Tremper les graines 2h + 30 min	Temps de cuisson : 15 min	Réalisation : Moyen

INGRÉDIENTS : (15-20 muffins, suivant le moule la quantité peut varier)

40 g de farine de châtaigne

30 g de fécule de maïs

4 œufs

200 g de chocolat noir pâtissier

50 g de pépites de chocolat

1 sachet de levure chimique sans gluten

3 sachets de sucre vanillé

9 g de stévia

150 ml de lait de noisette

3 CàS de graines de Chia

200 g de framboises

PRÉPARATION :

Au préalable, faire gonfler les graines de Chia, dans 100 ml de lait de noisette, réserver pendant 2 heures minimum, au réfrigérateur.

Pour réaliser le coulis de framboises, déposer les framboises dans une casserole avec 1,5 g de stévia et 1 sachet de sucre vanillé. Faire chauffer à feu doux jusqu'à l'obtention d'un coulis (10-15 minutes).

Préchauffer votre four à 180°C.

Dans un cul de poule verser, la farine de châtaigne, la fécule de maïs, la levure, le sucre vanillé et le reste de la stévia. Faire un puits et y incorporer les œufs et le mélange de graines de Chia /lait de noisette, mélanger jusqu'à l'obtention d'une pâte homogène.

Dans un autre cul de poule, casser la tablette de chocolat en morceaux avec 50 ml de lait de noisette et faire fondre au bain-marie.

Transvaser, le chocolat fondu dans la préparation précédente. Mélanger assez rapidement afin d'éviter que les œufs ne cuisent. Pour finir, ajouter les pépites de chocolat.

Préparer les moules à muffins sur une plaque de four. Dans chaque moule, verser un peu de pâte dans le fond, ajouter une bonne cuillère à café de coulis de framboises et recouvrir de la pâte au chocolat.

Enfourner pendant 15 min à 180°C (surveiller la cuisson car selon les fours elle sera différente)

Bonne dégustation !

Muffins chocolat, noisette et clémentines

Temps préparation : Tremper les graines 2h + 30 min	Temps de cuisson : 15 min	Réalisation : Moyen

INGRÉDIENTS : (15-20 muffins, suivant le moule la quantité peut varier)

40 g de farine de châtaigne

20 g de fécule de maïs

4 œufs

3 clémentines

200 g de chocolat noir pâtissier

1 sachet de levure chimique sans gluten

3 sachets de sucre vanillé

9 g de stévia

200 ml de lait de noisette

3 CàS de graines de Chia

60 g de poudre de noisette

PRÉPARATION :

Au préalable, faire gonfler les graines de Chia dans 100 ml de lait de noisette, réserver au réfrigérateur, pendant 2 heures minimum.

Peler les clémentines et les défaire en quartier.

Pour réaliser la compotée de clémentine, les disposer dans une casserole avec 1,5 g de stévia et 1 sachet de sucre vanillé. Faire chauffer à feu doux jusqu'à l'obtention d'une compotée (10-15 minutes)

Préchauffer votre four à 180°C.

Ensuite, dans un cul de poule mélanger, la farine de châtaigne, la la fécule de maïs, la poudre de noisette, la levure, le sucre vanillé et la stévia restante. Faire un puits, y incorporer les œufs et le mélange de graines de

Chia /lait de noisette. Mélanger jusqu'à l'obtention d'une pâte homogène.

Dans un autre cul de poule, couper la tablette de chocolat en morceaux avec 100 ml de lait de noisette, faire fondre au bain-marie.

Transvaser, le chocolat fondu dans la préparation précédente. Mélanger assez rapidement afin d'éviter que les œufs ne cuisent.

Préparer les moules à muffins sur une plaque de four. Dans chaque moule, verser un peu de pâte dans le fond, ajouter une bonne cuillère à café de compotée de clémentine et recouvrir de la pâte au chocolat.

Enfourner pendant 15 minutes à 180°C (surveiller la cuisson car selon les fours elle sera différente).

Bon appétit !

Muffins fleur d'oranger et amande

Temps de préparation : Tremper les graines 2h + 15 min	Temps de cuisson : 15 min	Réalisation : Facile

INGRÉDIENTS : (9-15 muffins, suivant le moule la quantité peut varier)

60 g de fécule de maïs

4 œufs

50 g de poudre d'amande

3 CàS de miel

2 sachets de sucre vanillé

6 petits bouchons d'arôme de fleur d'oranger

6 g de stévia

1 gousse de vanille

3 CàS de graines de Chia

150 ml de lait d'amande

1 sachet de levure chimique sans gluten

PRÉPARATION :

Au préalable, faire gonfler les graines de Chia dans 100 ml de lait d'amande, réserver au réfrigérateur pendant 2 heures minimum.

Préchauffer votre four à 180°C.

Dans un cul de poule verser, la fécule de maïs, la poudre d'amande, la levure, le sucre vanillé, les graines de vanille provenant de la gousse et la stévia.

Faire un puits, y incorporer les œufs et le mélange de graines de Chia /lait d'amande. Mélanger jusqu'à l'obtention d'une pâte homogène.

Rajouter, la fleur d'oranger, le reste de lait d'amande, le miel et mélanger de nouveau.

Préparer vos moules à muffins sur la plaque de votre four. Les remplir de pâte au 3/4 et enfourner pendant 15 minutes à 180°C (surveiller la cuisson car selon les fours, elle sera différente).

Bon Appétit !

Muffins chocolat noir, noix de coco et cerises

Temps de préparation : Tremper les graines 2h + 25 min	Temps de cuisson : 15 min	Réalisation : Facile

INGRÉDIENTS : (15-20 muffins, suivant le moule la quantité peut varier)

40 g de farine de sarrasin

30 g de fécule de maïs

4 œufs

200 g de chocolat noir pâtissier

50 g de noix de coco râpées

400 g de cerises bigarreaux

2 sachets de sucre vanillé

9 g de stévia

3 CàS de graines de Chia

250 ml de lait de coco

1 bouchon de rhum

1 sachet de levure chimique sans gluten

PRÉPARATION :

Au préalable, faire gonfler les graines de Chia dans 150 ml de lait de coco. Réserver au réfrigérateur, pendant 2 heures minimum.

Rincer et dénoyauter vos cerises.

Préchauffer votre four à 180°C.

Dans un cul de poule mélanger, la farine de sarrasin, la fécule de maïs, la noix de coco râpée, la levure, le sucre vanillé et la stévia.

Faire un puits, y incorporer les œufs, le mélange de graines de Chia /lait de coco et le rhum. Mélanger jusqu'à l'obtention d'une pâte homogène.

Dans un autre cul de poule, casser la tablette de chocolat en morceaux avec 100 ml de lait de coco, faire fondre au bain-marie.

Transvaser, le chocolat fondu dans la préparation précédente. Mélanger assez rapidement afin d'éviter que les œufs ne cuisent.

Préparer les moules à muffins sur une plaque de four. Dans chaque moule, verser un peu de pâte dans le fond, ajouter 2/3 cerises au milieu et recouvrir de la pâte au chocolat.

Enfourner pendant 15 minutes à 180°C (surveiller la cuisson car selon les fours elle sera différente).

Bon Appétit !

Muffins fraises, noix de coco, amande et chocolat

Temps de préparation : Tremper les graines 2h + 20 min	Temps de cuisson : 15 min	Réalisation : Facile

INGRÉDIENTS : *(9-15 muffins, suivant le moule la quantité peut varier)*

40 g de farine de petit épeautre

30 g de fécule de maïs

4 œufs

50 g de poudre d'amande

50 g de noix de coco râpée

40 g de pépites de chocolat

150 g de fraises

3 sachets de sucre vanillé

9 gr de stévia

3 CàS de graines de Chia

150 ml de lait de coco

1 sachet de levure chimique sans gluten

PRÉPARATION :

Au préalable, faire gonfler les graines de Chia dans 100 ml de lait de coco. Réserver au réfrigérateur pendant 2 heures minimum.

Laver les fraises et les couper en dés, les mélanger avec un sachet de sucre vanillé et 1,5 g de stévia.

Préchauffer votre four à 180°C.

Dans un cul de poule, mélanger, la farine de petit épeautre, la fécule de maïs, la noix de coco râpée, la poudre d'amande, la levure, le sucre vanillé et la stévia restante.

Faire un puits, y incorporer les œufs, le mélange de graines de Chia/lait de coco. Mélanger jusqu'à l'obtention d'une pâte homogène.

Rajouter le reste du lait de coco et les pépites de chocolat et mélanger de nouveau.

Préparer les moules à muffins sur une plaque de four. Dans chaque moule, verser un peu de pâte dans le fond, ajouter une cuillère à café de fraises et recouvrir avec la pâte.

Enfourner pendant 15 minutes à 180°C (surveiller la cuisson car selon les fours elle sera différente).

Bon Appétit !

Les Cakes

Cake noisette et chocolat noir

Temps de préparation : Tremper les graines 2h + 15 min	Temps de cuisson : 30-35 min	Réalisation : Facile

INGRÉDIENTS :

30 g de farine de châtaigne

50 g de fécule de maïs

3 œufs

50 g de poudre de noisette

40 g de pépites de chocolat

2 sachets de sucre vanillé

6 g de stévia

3 CàS de graines de Chia

150 ml de lait d'amande

1 bouchon de Rhum

1 sachet de levure chimique sans gluten

PRÉPARATION :

Au préalable mettre les graines de Chia dans un récipient fermé avec 100 ml de lait d'amande. Réserver au frais, pendant 2 heures minimum.

Préchauffer votre four à 180°C.

Dans un cul de poule verser, la fécule de maïs, la farine de châtaigne, la levure, la poudre de noisette, le sucre vanillé, la stévia et remuer le tout.

Faire un puits, y casser les œufs, mélanger jusqu'à obtenir une pâte homogène.

Y rajouter le lait d'amande restant, le rhum et les pépites de chocolat, remuer à l'aide d'une maryse.

Incorporer les graines de Chia/lait d'amande à la préparation et mélanger de nouveau.

Verser le tout dans un moule à cake et enfourner à 180°C pendant 30-35 minutes (surveiller la cuisson car selon les fours elle sera différente).

Bon Appétit !

Cake bananes et chocolat noir

Temps de préparation :	Temps de cuisson :	Réalisation :
Tremper les graines 2h + 15 min	30 min	Facile

INGRÉDIENTS :

40 g de farine de petit épeautre

40 g de fécule de maïs

3 œufs

2 bananes

50 g de pépites de chocolat

1 sachet de levure chimique sans gluten

7,5 g de stévia

3 CàS de graines de Chia

150 ml de lait d'amande/Vanille

1 bouchon de Rhum

2 sachets de sucre vanillé

PRÉPARATION :

Au préalable, faire gonfler les graines de Chia dans 100 ml de lait amande-vanille. Réserver au réfrigérateur, pendant 2 heures minimum.

Préchauffer votre four à 180°C.

Dans un cul de poule verser, la fécule de maïs, la farine de petit épeautre, le sucre vanillé, la stévia, la levure et mélanger le tout.

Faire un puits, y casser les œufs, mélanger jusqu'à obtenir une pâte homogène. Rajouter le lait d'amande-vanille restant, le rhum et les pépites de chocolat. Mélanger de nouveau à l'aide d'une maryse.

Enfin, incorporer les graines de Chia/lait amande-vanille à la préparation et mélanger.

Verser le tout dans un moule à cake et y ajouter les bananes préalablement coupées en rondelles un peu épaisses.

Enfourner rapidement, cuire 30 minutes à 180°C. (Surveiller la cuisson car selon les fours elle sera différente).

Bon Appétit !

Cake chocolat noir, orange et cannelle

Temps de préparation :	Temps de cuisson :	Réalisation :
Tremper les graines 2h + 30 min	35 min	Moyen

INGRÉDIENTS :

40 g de farine de châtaigne

40 g de fécule de maïs

3 œufs

200 g de chocolat noir pâtissier

1 orange

1 CàS de cannelle

1 sachet de levure chimique sans gluten

1 gousse de vanille

2 sachets de sucre vanillé

7,5 g de stévia

3 CàS de graines de Chia

300 ml de lait amande /vanille

1 CàC de sucre Rapadura

PRÉPARATION :

Au préalable, faire gonfler les graines de Chia dans 150 ml de lait amande-vanille. Réserver au réfrigérateur pendant 2 heures minimum.

Prélever les zestes de l'orange à l'aide d'un économe, les couper s'ils sont trop gros et les déposer dans une casserole avec un fond d'eau, 1,5 g de stévia et le Rapadura, pendant quelques minutes à feu doux. Les sortir à l'aide d'une écumoire et les réserver.

Couper l'orange en deux et prélever le jus de l'orange entière.

Préchauffer votre four à 180°C.

À l'aide d'un couteau, fendre la gousse de vanille en deux et réserver les graines.

Dans un cul de poule mélanger, la farine de châtaigne, la fécule de maïs, la cannelle, la levure, le sucre vanillé, les graines de vanille et le reste de stévia.

Faire un puits, y incorporer les œufs, les graines de Chia/lait amande-vanille, le rhum, le jus d'orange et les zestes d'orange. Mélanger jusqu'à l'obtention d'une pâte homogène.

Dans un autre cul de poule, casser la tablette de chocolat en morceaux avec 150 ml de lait amande-vanille et faire fondre au bain-marie.

Transvaser, le chocolat fondu dans la préparation précédente. Mélanger assez rapidement afin d'éviter la cuisson des œufs.

Verser le tout dans un moule à Cake et enfourner pendant 30 minutes à 180°C. Puis couvrir d'un papier aluminium afin d'éviter que le dessus du cake ne soit trop cuit et cuire 5 minutes de plus à 160°C (surveiller la cuisson car selon les fours elle sera différente).

Bon Appétit !

Cake amande et nougatine

Temps de préparation : Tremper les graines 2h + 15 min	Temps de cuisson : 30 min	Réalisation : Facile

INGRÉDIENTS :

40 g de farine de lupin

40 g de fécule de maïs

3 œufs

50 g de poudre d'amande

50 g de nougatine

1 gousse de vanille

2 sachets de sucre vanillé

7,5 g de stévia

3 CàS de graines de Chia

150 ml de lait d'amande

1 bouchon et demi de rhum

1 sachet de levure chimique sans gluten

PRÉPARATION :

Au préalable, faire gonfler les graines de Chia dans 100 ml de lait d'amande. Réserver au réfrigérateur pendant 2 heures minimum.

Préchauffer votre four à 180°C.

À l'aide d'un couteau, fendre la gousse de vanille en deux et réserver les graines.

Dans un cul de poule verser, la fécule de maïs, la farine de lupin, la poudre d'amande, la nougatine, le sucre vanillé, les graines de vanille, la stévia, la levure et mélanger le tout.

Faire un puits, y casser les œufs. Mélanger jusqu'à obtenir une pâte homogène, y rajouter le lait d'amande restant et le rhum, mélanger de nouveau.

Enfin, ajouter les graines de Chia/lait d'amande à la préparation et mélanger.

Verser le tout dans un moule à cake et enfourner rapidement, pendant 30 minutes à 180°C. (Surveiller la cuisson car selon les fours elle sera différente).

Bonne dégustation !

Cake pralines roses et amande

Temps de préparation : Tremper les graines 2h + 15 min	Temps de cuisson : 30 min	Réalisation : Facile

INGRÉDIENTS :

40 g de farine de petit épeautre

40 g de fécule de maïs

3 œufs

100 g de pralines roses

60 g de poudre d'amande

1 sachet de levure chimique sans gluten

2 sachets de sucre vanillé

7,5 g de stévia

3 CàS de graines de Chia

150 ml de lait de soja

1 gousse de vanille

PRÉPARATION :

Au préalable, faire gonfler les graines de Chia dans 100 ml de lait de soja. Réserver au réfrigérateur pendant 2 heures minimum.

Préchauffer votre four à 180°C.

À l'aide d'un couteau, fendre la gousse de vanille en deux et réserver les graines.

Dans un cul de poule verser, la fécule de maïs, la farine de petit épeautre, la poudre d'amande, le sucre vanillé, les graines de vanille, la stévia, la levure et mélanger le tout.

Faire un puits, y casser les œufs et mélanger jusqu'à obtenir une pâte homogène. Puis, ajouter le lait de soja restant et mélanger de nouveau.

Enfin, ajouter les graines de Chia/lait de soja à la préparation et mélanger.

Verser la pâte dans un moule à cake, y incorporer les pralines roses et enfourner rapidement, pendant 30 minutes à 180°C. (Surveiller la cuisson car selon les fours elle sera différente).

Bon Appétit !

Cake chocolat noir, amande et cranberries

Temps de préparation : Tremper les graines 2h + 20 min	Temps de cuisson : 35 min	Réalisation : Facile

INGRÉDIENTS :

30 g de farine de lin

50 g de fécule de maïs

3 œufs

200 g de chocolat noir pâtissier

60 g de cranberries séchées

50 g de poudre d'amande

30 g de pépites de chocolat

7,5 g de stévia

3 CàS de graines de Chia

2 sachets de sucre vanillé

200 ml de lait d'amande

1 sachet de levure chimique sans gluten

PRÉPARATION :

Au préalable, faire gonfler les graines de Chia dans 100 ml de lait d'amande. Réserver au réfrigérateur pendant 2 heures minimum.

Préchauffer votre four à 180°C.

Dans un cul de poule mélanger, la farine de lin, la fécule de maïs, la poudre d'amande, la levure, le sucre vanillé et la stévia.

Faire un puits, y incorporer les œufs et les graines de Chia/lait d'amande. Mélanger jusqu'à l'obtention d'une pâte homogène.

Dans un autre cul de poule, casser la tablette de chocolat en morceaux avec 100 ml de lait d'amande et faire fondre au bain-marie.

Transvaser, le chocolat fondu dans la préparation précédente. Mélanger assez rapidement afin d'éviter la cuisson des œufs.

Pour terminer, incorporer les baies de cranberry et les pépites de chocolat.

Verser le tout dans un moule à cake et enfourner 30 minutes à 180°C.

Puis couvrir d'un papier aluminium afin d'éviter que le dessus du cake ne soit trop cuit et cuire 5 minutes de plus à 160°C (surveiller la cuisson car selon les fours elle sera différente).

Bon Appétit !

Cake trois chocolats et amande

Temps de préparation : Tremper les graines 2h + 15 min	Temps de cuisson : 30 min	Réalisation : Facile

INGRÉDIENTS :

80 g de fécule de maïs

3 œufs

7,5 g de stévia

60 g de poudre d'amande

3 sachets de sucre vanillé

100 g de pépites (ou chunks) de trois chocolats.

1 gousse de vanille

3 CàS de graines de Chia

150 ml de lait d'amande

1 bouchon de rhum

1 sachet de levure chimique sans gluten

PRÉPARATION :

Au préalable, faire gonfler les graines de Chia dans 100 ml de lait d'amande. Réserver au réfrigérateur pendant 2 heures minimum.

Préchauffer votre four à 180°C.

À l'aide d'un couteau, fendre la gousse de vanille en deux et réserver les graines.

Dans un cul de poule mélanger, la fécule de maïs, la poudre d'amande, la levure, les graines de vanille, le sucre vanillé et la stévia.

Faire un puits et y casser les œufs, mélanger jusqu'à l'obtention d'une pâte homogène.

Enfin, incorporer le reste du lait d'amande, les graines de Chia/lait d'amande, le rhum et les pépites de chocolat. Mélanger à l'aide d'une maryse.

Verser rapidement le tout dans un moule à cake et enfourner pendant 30 minutes à 180°C (surveiller la cuisson car selon les fours elle sera différente).

Bon Appétit !

Cake chocolat blanc, framboises et amande

Temps de préparation : Tremper les graines 2h + 15 min	Temps de cuisson : 30-35 min	Réalisation : Facile

INGRÉDIENTS :

40 g de farine de châtaigne

40 g de fécule de maïs

4 œufs

200 g de framboises

100 g de chocolat blanc

60 g de poudre d'amande

3 sachets de sucre vanillé

7,5 g de Stévia

3 CàS de graines de chia

150 ml de lait d'amande

1 bouchon et demi de rhum

1 sachet de levure chimique sans gluten

PRÉPARATION :

Au préalable, faire gonfler les graines de Chia dans 100 ml de lait d'amande. Réserver au réfrigérateur pendant 2 heures minimum.

Laver les framboises fraîches, si elles sont surgelées, laisser décongeler.

Saupoudrer de 1,5 g de stévia et d'un sachet de sucre vanillé et réserver.

Préchauffer votre four à 180°C.

Dans un cul de poule mélanger, la farine de châtaigne, la fécule de maïs, la poudre d'amande, la levure, le sucre vanillé et la stévia.

Faire un puits, y incorporer les œufs, le reste de lait d'amande, le mélange de graines de Chia/lait d'amande, le rhum et remuer à l'aide d'un fouet jusqu'à l'obtention d'une pâte homogène.

Pour finir, verser la pâte dans le moule à cake et y déposer au dernier moment le chocolat coupé en morceaux ainsi que les framboises entières. Enfourner pendant 30-35 minutes à 180°C (Surveiller la cuisson car selon les fours elle sera différente) ;

Bonne dégustation !

Les graines d'amarante

Les spécificités de L'amarante

L'HISTOIRE DE L'AMARANTE

La plante « amarante » (ou amaranthe) est d'origine Mexicaine.

Entre 6700 et 5000 av JC au royaume des Incas, des Aztèques et des Mayas, l'amarante était réputée pour ses qualités nutritives et spirituelles.

Les incas lui accordaient même des pouvoirs surnaturels dont celui de rallonger la vie.

Les guérisseurs l'employaient comme blé sacré lors des rituels religieux.

Comme l'explique D. Guillet (2002, p. 373) : « *La culture de l'Amaranthe fut à son apogée durant l'Empire Aztèque. Pour le peuple Aztèque, l'Amarante possédait une valeur nutritionnelle, thérapeutique et rituelle. Après la conquête espagnole du Mexique, sa culture fut interdite car elle servait dans divers offices religieux aztèques. Du fait de cette interdiction et de la violente répression qui sévit durant plusieurs siècles à l'encontre des jardiniers qui continuaient à cultiver cette plante, l'Amarante a, depuis le XXe siècle, presque totalement disparu de l'alimentation mexicaine, alors même qu'elle entrait dans la constitution de très nombreux plats aztèques (tamales, tortillas, sauces et boissons).*

Voilà quelques années que l'amarante (ou Amarante, également appelée "Queue de renard") a été redécouverte et cultivée en tant que céréale (même si à proprement parler elle n'est pas une céréale mais une graine).

LA PLANTE ET SON UTILISATION AUJOURD'HUI

C'est une plante originale qui forme de belles touffes drues semblables à des buissons. Elle peut atteindre jusqu'à 50 cm de long.

Les fleurs peuvent faire de beaux bouquets originaux avec une longue tenue, en effet, séchées elles se conservent longtemps avec des couleurs qui égayent la maison pendant l'hiver.

Les graines d'amarante peuvent se consommer cuites dans un liquide ou en farine alors que les feuilles peuvent se déguster à la manière des épinards ou des légumes verts.

Sa saveur est très légèrement épicée.

Elle s'adapte également à la méthode dite "des graines germées", facile à réaliser elle permet de profiter au maximum de toutes les vitamines et sels minéraux.

LES BIENFAITS DE L'AMARANTE

1 -L'amarante est une graine riche en :

- Protéine
- Vitamine A
- Vitamine B
- Vitamine C
- Vitamine E
- Vitamine K
- Calcium
- Fer
- Magnésium
- Potassium

- Zinc
- Acide folique
- Cuivre

2 - Tous ces atouts en font une graine particulièrement recommandée pour les cheveux et les ongles (Teneur en lysine (protéine)).

3 - Elle permet également de faire baisser le cholestérol et de réduire l'ostéoporose (Teneur en calcium).

4 - C'est aussi une graine antioxydante.

5 - Elle permet de lutter contre les inflammations et de garder une bonne immunité (Teneur en acide gras polyinsaturé).

6 - Elle se digère facilement (Teneur en fibres).

7 - Elle est bonne pour la vue (Teneur en vitamine A).

8 - L'amarante est sans gluten, elle convient donc aux personnes intolérantes ou qui souhaiteraient diminuer leur consommation de gluten.

Les Muffins

Muffins mangues, noix de coco et amande

Temps de préparation :	Temps de cuisson :	Réalisation :
45 min	15-20 min	Facile

INGRÉDIENTS : *(9-15 muffins, suivant le moule la quantité peut varier)*

40 g de farine de coco

30 g de fécule de maïs

3 œufs

100 g de mangue

40 g de noix de coco râpée

40 g de poudre d'amande

1 compote pomme/mangue

2 sachets de sucre vanillé

6 g de stévia

3 CàS de graines d'amarante

350 ml de lait de coco

1 bouchon de rhum

1 sachet de levure chimique sans gluten

PRÉPARATION :

Cuire l'amarante avec 300 ml de lait de coco pendant 25-30 minutes.

Préchauffer votre four à 180°C.

Laver, éplucher, couper en morceaux 100 g de mangue et les réserver.

Mélanger dans un cul de poule, la fécule de maïs, la farine de coco, la noix de coco, la poudre d'amande, le sucre vanillé, la stévia et la levure.

Faire un puits, y casser les œufs. Mélanger à l'aide d'un fouet pour obtenir une pâte homogène.

Puis, verser le rhum, la compote et le lait de coco restant.

Mélanger le tout pour obtenir une pâte homogène et y ajouter la préparation avec l'amarante refroidie ainsi que les morceaux de mangue.

Préparer les moules à muffins sur la plaque de votre four, y verser la pâte jusqu'au ¾ du moule pour laisser la place aux muffins de gonfler.

Cuire à 180°C pendant 15-20 minutes (surveiller la cuisson car selon les fours elle sera différente)

Bon Appétit !

Muffins papayes confites et noix de coco

Temps de préparation :	Temps de cuisson :	Réalisation :
45 min	15-20 min	Facile

INGRÉDIENTS : *(9-15 muffins, suivant le moule la quantité peut varier)*

30 g de farine de coco

30 g de fécule de maïs

4 œufs

80 g de noix de coco râpée

2 sachets de sucre vanillé

50 g de papayes confites (ou 100 g de papayes fraîches)

7,5 g de stévia

3 CàS de graines d'amarante

300 ml de lait de coco

1 bouchon de Rhum

1 sachet de levure chimique sans gluten

PRÉPARATION :

Cuire l'amarante avec 300 ml de lait de coco pendant 25-30 minutes.

Préchauffer votre four à 180°C.

(Si vous utilisez la papaye fraîche préparez-là)

Pour la papaye confite, découpez-là en petits morceaux.

Dans un cul de poule mélanger, la fécule de maïs, la farine de coco, la noix de coco, le sucre vanillé, la stévia et la levure.

Faire un puits, y ajouter les œufs et le rhum. Mélanger à l'aide d'un fouet pour obtenir une pâte homogène.

Ajouter la préparation avec l'amarante refroidie et les morceaux de papayes confites, remuer à l'aide d'une maryse.

Préparer les moules à muffins sur la plaque de votre four, y verser la pâte jusqu'au ¾ du moule pour laisser la place aux muffins de gonfler.

Cuire à 180°C pendant 15-20 minutes (surveiller la cuisson car selon les fours elle sera différente).

Bonne dégustation !

69

Muffins poires, noisette et pistache

Temps de préparation :	Temps de cuisson :	Réalisation :
45 min	15 min	Facile

INGRÉDIENTS : *(9-15 muffins, suivant le moule la quantité peut varier)*

30 g de farine de châtaigne

30 g de fécule de maïs

4 œufs

2 poires

50 g de poudre de pistache

1 sachet de levure chimique sans gluten

2 sachets de sucre vanillé

7,5 g de stévia

3 CàS de graines d'amarantes

350 ml de lait de noisette

50 g de poudre de noisette

PRÉPARATION :

Cuire l'amarante avec 300 ml de lait de noisette pendant 25-30 minutes et la laisser refroidir.

Préchauffer votre four à 180°C.

Préparer les poires, les laver, les éplucher, les couper en dés, pas trop petits.

Dans un cul de poule verser et mélanger, la fécule de maïs, la farine de châtaigne, la poudre de pistache, la poudre de noisette, le sucre vanillé, la stévia et la levure.

Faire un puits, y ajouter les œufs. Mélanger de nouveau à l'aide d'un fouet pour obtenir une pâte bien homogène.

Y ajouter la préparation avec l'amarante, les poires et le restant de lait de noisette, remuer à l'aide d'une maryse.

Préparer les moules à muffins sur la plaque de votre four, y verser la pâte jusqu'au ¾ du moule pour laisser la place aux muffins de gonfler.

Cuire à 180°C pendant 15 minutes (surveiller la cuisson car selon les fours elle sera différente).

Bonne dégustation !

Muffins chocolat noir, noisette et caramels

Temps de préparation :	Temps de cuisson :	Réalisation :
50 min	15 min	Facile

INGRÉDIENTS : (15-20 muffins, suivant le moule la quantité peut varier)

30 g de farine de châtaigne

30 g de fécule de maïs

4 œufs

200 g de chocolat noir

100 g de caramels fudge

60 g de poudre de noisette

2 sachets de Sucre vanillé

7,5 g de stévia

3 CàS de graines d'amarante

400 ml de lait de noisette

1 sachet de levure chimique sans gluten

PRÉPARATION :

Cuire l'amarante avec 300 ml de lait de noisette pendant 25-30 minutes.

Ensuite préchauffer votre four à 180°C.

Dans un cul de poule verser et mélanger, la fécule de maïs, la farine de châtaigne, la poudre de noisette, le sucre vanillé, la stévia et la levure.

Faire un puits, y casser les œufs et mélanger de nouveau.

Ajouter la préparation avec l'amarante refroidie.

Dans un autre cul de poule, casser la tablette de chocolat en morceaux avec 100 ml de lait de noisette et faire fondre au bain-marie.

Transvaser, le chocolat fondu dans la préparation précédente. Mélanger assez rapidement afin d'éviter la cuisson des œufs. Enfin, incorporer le caramel.

Préparer les moules à muffins sur la plaque de votre four, y verser la pâte jusqu'au ¾ du moule pour laisser la place aux muffins de gonfler.

Cuire à 180°C pendant 15 minutes (surveiller la cuisson car selon les fours elle sera différente).

Bonne dégustation !

Muffins chocolat noir façon mendiant

Temps de préparation :	Temps de cuisson :	Réalisation :
50 min	15 min	Facile

INGRÉDIENTS : (15-20 muffins, suivant le moule la quantité peut varier)

30 g de farine de châtaigne

30 g de fécule de maïs

4 œufs

200 g de chocolat noir pâtissier

200 g de mélange pour mendiant

1 sachet de levure chimique sans gluten

2 sachets de sucre vanillé

7,5 g de Stévia

3 CàS de graines d'amarante

400 ml de lait de noisette

1 bouchon et demi de rhum

60 g de noisette en poudre

PRÉPARATION :

Cuire l'amarante avec 300 ml de lait de noisette pendant 25-30 minutes.

Ensuite, préchauffer votre four à 180°C.

Dans un cul de poule verser et mélanger, la fécule de maïs, la farine de châtaigne, la poudre de noisette, le sucre vanillé, la stévia et la levure.

Faire un puits et y casser les œufs. Mélanger à l'aide d'un fouet pour obtenir une pâte homogène.

Y ajouter la préparation avec l'amarante refroidie et le rhum. Remuer de nouveau.

Dans un autre cul de poule, couper la tablette de chocolat en morceaux avec 100 ml de lait de noisette et faire fondre au bain-marie.

Transvaser, le chocolat fondu dans la préparation précédente. Mélanger assez rapidement afin que les œufs ne cuisent pas.

Enfin, incorporer le mélange pour mendiant, en ayant coupé grossièrement vos noix, noix de cajou et noisettes au préalable, et remuer à l'aide d'une maryse.

Préparer les moules à muffins sur la plaque de votre four, y verser la pâte jusqu'au ¾ du moule pour laisser la place aux muffins de gonfler.

Cuire à 180°C pendant 15 minutes (surveiller la cuisson car selon les fours elle sera différente).

Bonne dégustation !

Muffins amande et myrtilles

Temps de préparation :	Temps de cuisson :	Réalisation :
45 min	15 min	Facile

INGRÉDIENTS : *(9-15 muffins, suivant le moule la quantité peut varier)*

40 g de farine de sarrasin

30 g de fécule de maïs

4 œufs

200 g de myrtilles

50 g de poudre d'amande

3 sachets de sucre vanillé

9 g de stévia

3 CàS de graines d'amarante

300 ml de lait d'amande

1 sachet de levure chimique sans gluten

PRÉPARATION :

Cuire l'amarante avec 300 ml de lait d'amande pendant 25-30 minutes et la laisser refroidir.

Préchauffer votre four à 180°C.

Dans un cul de poule, verser et mélanger la farine de sarrasin, la fécule de maïs, la levure, le sucre vanillé, la stévia et la poudre d'amande.

Faire un puits et y casser les œufs, bien mélanger à l'aide d'un fouet pour obtenir une pâte homogène.

Y ajouter la préparation avec l'amarante. Remuer de nouveau jusqu'à l'obtention d'une préparation bien lisse.

Laver les myrtilles et les égoutter.

Les incorporer doucement à l'aide d'une maryse pour éviter qu'elles ne se cassent dans la pâte.

Préparer les moules à muffins sur la plaque de votre four, y verser la pâte jusqu'au ¾ du moule pour laisser la place aux muffins de gonfler.

Laisser cuire pendant 15 minutes à 180°C. Vérifier la cuisson, suivant le four le temps peut varier.

Bonne dégustation !

Muffins pommes, cannelle et chocolat noir

Temps de préparation :	Temps de cuisson :	Réalisation :
45 min	15-20 min	Facile

INGRÉDIENTS : (9-15 muffins, suivant le moule la quantité peut varier)

40 g de farine de châtaigne

30 g de fécule de maïs

4 œufs

3 pommes

50 g de pépites de chocolat

3 CàC de cannelle

1 sachet de levure chimique sans gluten

½ gousse de vanille

10,5 g de stévia

3 CàS de graines d'amarantes

300 ml de lait de soja

2 bouchons de rhum

2 sachets de sucre vanillé

PRÉPARATION :

Cuire l'amarante avec 300 ml de lait de soja pendant 25-30 minutes et la laisser ensuite refroidir.

Ensuite préchauffer votre four à 180°C.

Fendre la gousse de vanille en deux, enlever les graines d'une demi gousse. Laver, éplucher les pommes et les couper en dés. Les mettre dans une casserole avec les graines de la ½ gousse de vanille, 1,5 g de stévia et un sachet de sucre vanillé, une cuillère à café de cannelle, un fond d'eau et un bouchon de rhum. Laisser compoter pendant 10-15 minutes à feux doux, il faut qu'il y ait encore des morceaux de pomme.

Dans un cul de poule verser et mélanger, la fécule de maïs, la farine de châtaigne, 1 sachet de sucre vanillé, le reste de cannelle, la stévia restante et la levure.

Faire un puits, y casser les œufs. Mélanger de nouveau à l'aide d'un fouet pour obtenir une pâte bien lisse et homogène.

Y ajouter la préparation avec l'amarante, les pommes et les pépites de chocolat. Mélanger délicatement à l'aide d'une maryse.

Préparer les moules à muffins sur la plaque de votre four. Y verser la pâte jusqu'au ¾ du moule pour laisser la place aux muffins de gonfler.

Cuire à 180°C pendant 15-20 minutes (surveiller la cuisson car selon les fours elle sera différente).

Bon Appétit !

Les Cakes

Cake chocolat noir et pralin

Temps de préparation :	Temps de cuisson : -	Réalisation :
50 min	35 min	Facile

INGRÉDIENTS :

40 g de farine de châtaigne

40 g de fécule de maïs

3 œufs

200 g de chocolat noir pâtissier

60 g de pralin

2 sachets de sucre vanillé

6 g de stévia

3 CàS de graines d'amarante

400 ml de lait de noisette

1 sachet de levure chimique sans gluten

PRÉPARATION :

Cuire l'amarante avec 300 ml de lait de noisette pendant 25-30 minutes et la laisser refroidir.

Ensuite préchauffer votre four à 180°C.

Dans un cul de poule verser et mélanger, la fécule de maïs, la farine de châtaigne, le pralin, le sucre vanillé, la stévia et la levure.

Faire un puits, y casser les œufs, mélanger de nouveau. Y ajouter la préparation avec l'amarante.

Dans un autre cul de poule, casser la tablette de chocolat en morceaux avec 100 ml de lait de noisette et faire fondre au bain-marie.

Transvaser, le chocolat fondu dans la préparation précédente. Mélanger assez rapidement afin d'éviter que les œufs ne cuisent.

Verser la pâte dans un moule à cake et cuire 30 minutes à 180°C. Puis, baisser le thermostat à 160°C et recouvrir d'un papier aluminium, pour éviter que le dessus ne soit trop cuit, cuire 5 minutes de plus (surveiller la cuisson car selon les fours elle sera différente).

Bon Appétit !

Cake chocolat noir, poires et amande

Temps de préparation :	Temps de cuisson :	Réalisation :
50 min	35 min	Facile

INGRÉDIENTS :

40 g de farine de châtaigne

40 g de fécule de maïs

3 œufs

2 poires

200 g de chocolat noir pâtissier

50 g de poudre d'amande

2 sachets de sucre vanillé

7,5 g de stévia

3 CàS de graines d'amarante

400 ml de lait d'amande

1 bouchon de rhum

1 sachet de levure chimique sans gluten

PRÉPARATION :

Cuire l'amarante avec 300 ml de lait d'amande pendant 25-30 minutes et la laisser refroidir.

Ensuite, préchauffer votre four à 180°C.

Préparer les poires, les laver, les éplucher et les couper en dés, pas trop petits.

Dans un cul de poule verser et mélanger, la fécule de maïs, la farine de châtaigne, la poudre d'amande, le sucre vanillé, la stévia et la levure.

Faire un puits et y casser les œufs et mélanger de nouveau.

Y ajouter la préparation avec l'amarante et le rhum.

Dans un autre cul de poule, casser la tablette de chocolat en morceaux avec 100 ml de lait d'amande et faire fondre au bain-marie.

Transvaser, le chocolat fondu dans la préparation précédente. Mélanger assez rapidement afin d'éviter la cuisson des œufs.

Ajouter la poire à la pâte et bien mélanger à l'aide d'une maryse.

Verser la préparation dans un moule à cake et cuire 30 minutes à 180°C.

Puis, baisser le thermostat à 160°C et recouvrir d'un papier aluminium, pour éviter que le dessus ne soit trop cuit, poursuivre la cuisson 5 minutes (Surveiller la cuisson car selon les fours elle sera différente).

Bon Appétit !

Cake pommes et cannelle

Temps de préparation : 45 min	Temps de cuisson : 30-35 min	Réalisation : Facile

INGRÉDIENTS :

60 g de farine de châtaigne

40 g de fécule de maïs

3 œufs

2 pommes

2 CàC de cannelle

2 sachets de sucre vanillé

6 g de stévia

1 CàS de miel bio

3 CàS de graines d'amarante

320 ml de lait de noisette

1 bouchon de rhum

1 sachet de levure chimique sans gluten

PRÉPARATION :

Cuire l'amarante avec 300 ml de lait de noisette pendant 25-30 minutes et la laisser refroidir.

Préchauffer votre four à 180°C.

Verser et mélanger dans un cul de poule, la fécule de maïs, la farine de châtaigne, le sucre vanillé, la cannelle, la stévia et la levure.

Rajouter les œufs et mélanger à l'aide d'un fouet pour obtenir une pâte bien homogène.

Verser, le rhum, la cuillère de miel et le lait de noisette restant.

Tout mélanger pour obtenir une pâte homogène et y ajouter la préparation avec l'amarante. Laver et éplucher les pommes, les couper en petits dés. Les incorporer à la préparation et mélanger délicatement à l'aide d'une maryse.

Verser dans un moule à cake et cuire 30-35 minutes à 180°C.

Bon Appétit !

Cake citron et amande

Temps de préparation : 45 min	Temps de cuisson : 30 min	Réalisation : Facile

INGRÉDIENTS :

40 g de farine de châtaigne

20 g de fécule de maïs

4 œufs

1 citron et demi

60 g de poudre d'amande

3 sachets de sucre vanillé

7,5 g de stévia

3 CàS de graines d'amarante

350 ml de lait d'amande

1 sachet de levure chimique sans gluten

PRÉPARATION :

Cuire l'amarante avec 300 ml de lait d'amande pendant 25-30 minutes.

Préchauffer votre four à 180°C.

Laver les citrons, prélever le zeste d'un citron à l'aide d'une râpe et le jus d'un citron et demi.

Dans un cul de poule verser et mélanger, la fécule de maïs, la farine de châtaigne, la poudre d'amande, le sucre vanillé, la stévia et la levure.

Faire un puits, y casser les œufs, mélanger de nouveau.

Y ajouter la préparation avec l'amarante refroidie ainsi que le jus de citron, les zestes et le reste du lait d'amande.

Verser la préparation dans un moule à cake et cuire 30 minutes à 180°C
(surveiller la cuisson car selon les fours elle sera différente).

Bon Appétit !

Cake multifruit

Temps de préparation : 60 min	Temps de cuisson : 30- 35 min	Réalisation : Facile

INGRÉDIENTS :

60 g de farine de chanvre

20 g de fécule de maïs

3 œufs

1 pomme

1 banane

2 kiwis

2 petites poires

1 sachet de levure chimique sans gluten

3 sachets de sucre vanillé

9 g de stévia

1 gousse de vanille

3 CàS de graines d'amarante

350 ml de lait quinoa/riz

1 bouchon et demi de rhum

30 g de copeaux de noix de coco

PRÉPARATION :

Cuire l'amarante avec 300 ml de lait quinoa/riz pendant 25-30 minutes et la laisser refroidir.

Préchauffer votre four à 180°C.

Laver tous vos fruits, les éplucher et les couper en dés.

Dans un cul de poule verser et mélanger, la fécule de maïs, la farine de chanvre, les copeaux de noix de coco, le sucre vanillé, la stévia, la levure et les graines de vanille venant de la gousse.

Faire un puits, y casser les œufs et mélanger de nouveau.

Y ajouter la préparation avec l'amarante, le reste du lait quinoa/riz et le rhum.

Mélanger les fruits à la pâte et mélanger délicatement à l'aide d'une maryse.

Verser dans un moule à cake et cuire 30-35 minutes à 180°C (surveiller la cuisson car selon les fours elle sera différente).

Bonne dégustation !

Cake chocolat noir et amande

Temps de préparation :	Temps de cuisson :	Réalisation :
50 min	35 min	Facile

INGRÉDIENTS :

50 g de farine de sarrasin

30 g de fécule de maïs

3 œufs

200 g de chocolat noir pâtissier

60 g d'amande en poudre

40 g de pépites de chocolat

3 sachets de sucre vanillé

9 g de stévia

3 CàS de graines d'amarante

400 ml de lait d'amande

1 bouchon de rhum

1 sachet de levure chimique sans gluten

PRÉPARATION :

Cuire l'amarante avec 300 ml de lait d'amande pendant 25-30 minutes et la refroidir.

Ensuite préchauffer votre four à 180°C.

Dans un cul de poule verser et mélanger, la fécule de maïs, la farine de sarrasin, la poudre d'amande, le sucre vanillé, la stévia et la levure.

Faire un puits, y casser les œufs et mélanger de nouveau.

Y ajouter la préparation avec l'amarante et le rhum.

Dans un autre cul de poule, casser la tablette de chocolat en morceaux avec 100 ml de lait d'amande et faire fondre au bain-marie.

Transvaser, le chocolat fondu dans la préparation précédente. Remuer assez rapidement afin d'éviter que les œufs ne cuisent. Ajouter les pépites de chocolat à la pâte et bien mélanger à l'aide d'une maryse.

Verser la préparation dans un moule à cake et cuire 30 minutes à 180°C. Puis, baisser le thermostat à 160°C et recouvrir d'un papier aluminium, pour éviter que le dessus ne soit trop cuit, poursuivre la cuisson 5 minutes (surveiller la cuisson car selon les fours elle sera différente).

Bon appétit

Cake abricot, amande et chocolat noir

Temps de préparation :	Temps de cuisson :	Réalisation :
45 min	30-35 min	Facile

INGRÉDIENTS :

50 g de farine de châtaigne

20 g de fécule de maïs

3 œufs

200 g d'abricots

50 g de poudre d'amande

50 g de pépites de chocolat

3 sachets de sucre vanillé

9 g de stévia

½ gousse de vanille

3 CàS de graines d'amarante

350 ml de lait d'amande

1 sachet de levure chimique sans gluten

PRÉPARATION :

Cuire l'amarante avec 300 ml de lait d'amande pendant 25-30 minutes et la laisser refroidir.

Préchauffer votre four à 180°C.

Préparer les abricots, les laver, les couper en dés, pas trop petits.

Dans un cul de poule verser et mélanger, la fécule de maïs, la farine de châtaigne, la poudre d'amande, le sucre vanillé, les graines de la demi gousse de vanille, la stévia et la levure.

Faire un puits, y casser les œufs et mélanger de nouveau à l'aide d'un fouet pour obtenir une pâte homogène.

Verser la préparation avec l'amarante et le restant de lait d'amande puis mélanger.

Enfin, ajouter les abricots et les pépites de chocolat, bien mélanger à l'aide d'une maryse.

Verser dans un moule à cake et le cuire 30-35 minutes à 180°C (surveiller la cuisson car selon les fours elle sera différente).

Bonne dégustation !

Cake chocolat noir et noix de coco

Temps de préparation : 40 min	Temps de cuisson : 30-35 min	Réalisation : Facile

INGRÉDIENTS :

50 g de farine de coco

30 g de fécule de maïs

3 œufs

50 g de pépites de chocolat noir

50 g de noix de coco râpée

2 sachets de sucre vanillé

7,5 g de stévia

1 CàC de sucre de coco

3 CàS de graines d'amarante

350 ml de lait de coco

1 bouchon de rhum

1 sachet de levure chimique sans gluten

PRÉPARATION :

Cuire l'amarante avec 300 ml de lait de coco pendant 25-30 minutes et la laisser refroidir.

Préchauffer votre four à 180°C.

Dans un cul de poule verser et mélanger, la fécule de maïs, la farine de coco, la noix de coco râpée, le sucre vanillé, le sucre de coco, la stévia et la levure.

Faire un puits, y casser les œufs et mélanger de nouveau à l'aide d'un fouet pour obtenir une pâte lisse et homogène.

Verser la préparation avec l'amarante, le restant de lait de coco, le rhum et mélanger.

Enfin, ajouter les pépites de chocolat, bien mélanger à l'aide d'une maryse.

Verser dans un moule à cake et cuire 30-35 minutes à 180° (surveiller la cuisson car selon les fours elle sera différente).

Bon appétit !